"妈妈，你看这个像什么？"

图 / 文 李荟萃

Asian Culture Press

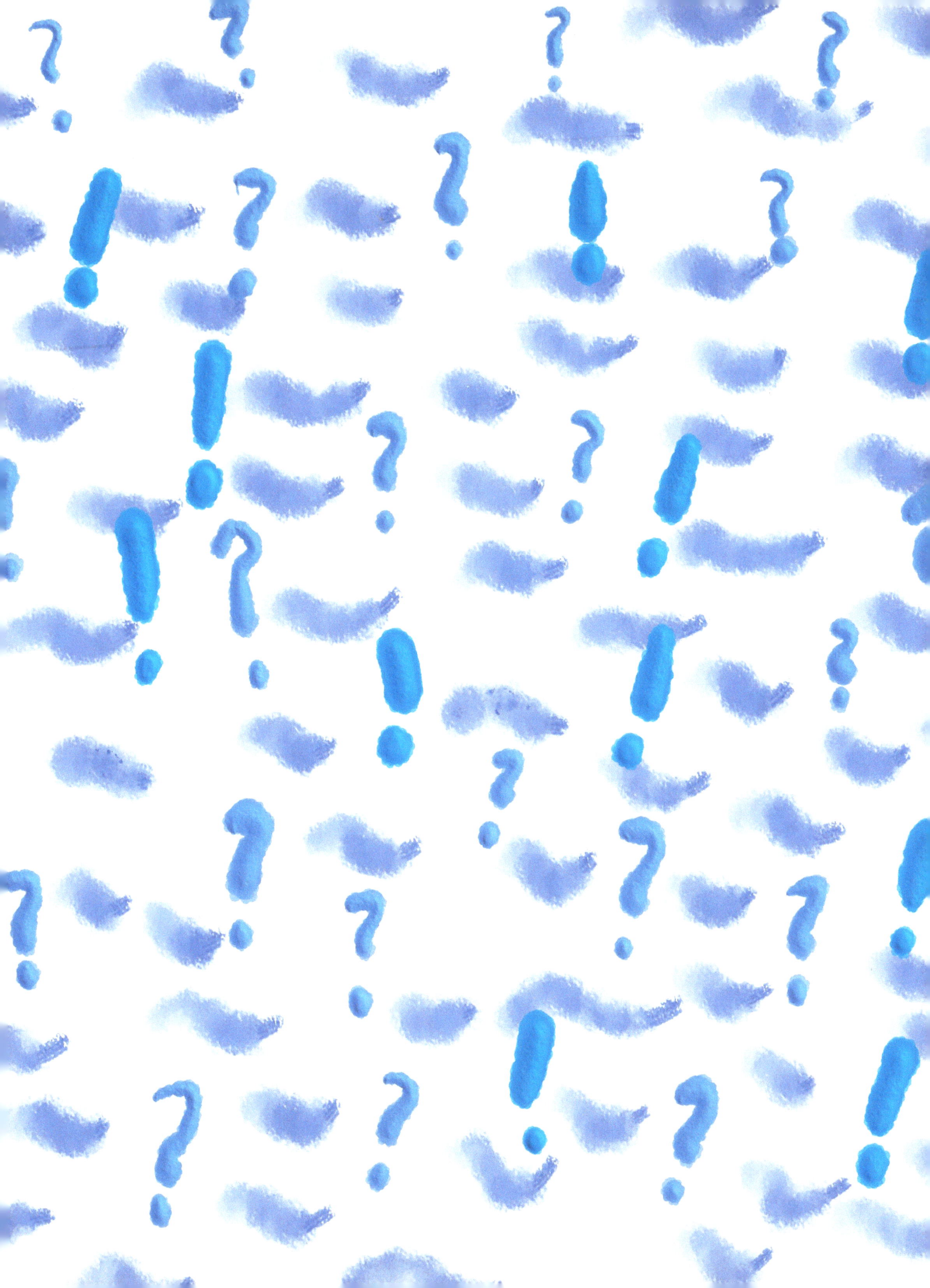

书名：妈妈，你看这个像什么？
Title: Mom,what does this look like to you?

作者：李荟萃
Author: Huicui Li

本书在美国科罗拉多州博尔德市印刷和发行
Printed and distributed in the United States of America

本书由美国 Asian Culture Press LLC 出版
地址：1942 Broadway, Suite 314C,
        Boulder, CO 80302, United States
邮箱：info@asianculture.press

字数：2977 字
出版日期：2023 年 11 月第 1 版
书号：978-1-957144-90-0
排版及封面设计：李荟萃

送给

敬赠

献给我的孩子，大旷和雨林。

致谢

此书能够顺利绘制，要谢谢我的大儿子——大旷，这位超有想象力的小朋友，书中的文案都来自于他对我的提问。他每一次有趣的提问和充满想象的回答，让我能够由此记录下来整理成册。

感谢我的爸爸妈妈，从小给我一个自由轻松且让我充分发挥创意的空间，越来越体会到我的爸爸妈妈这么棒，给了我最好的家庭教育，使我愿意用画画来表达着所有的美好。我爱你们！

谢谢我的丈夫对我的尊重和支持，你是一位拥有稳定情绪和智慧的决策者，无时无刻爱护着这个家，成为了我最好的搭档。

谢谢我的小儿子雨林，谢谢你一直陪着妈妈绘制整本书，谢谢你陪伴我，才使我在绘制过程中也充满了轻松和快乐。

"Above all else, guard your heart, for everything you do flows from it." From Proverbs 4:23.

序

　　这是一本为孩子和家长共同亲子阅读而设计的书，让父母从孩子的视角去重新观看事物，去尊重符合孩子年龄的想法，他们的世界是充满各种各样的奇思妙想，让我们多问问他们："孩子你看像什么？"。

　　我家孩子从两岁时候，就会经常问我"妈妈，你看这个像什么？"，我从刚开始的疑惑、发掘到记录，感受到孩子们的世界观察角度原来与我们很不一样，这个不一样有时候会让我大吃一惊，有时会让我会心一笑，有时更让我深思很久。我记录了大儿子两年的这些文字，从中挑选了具有代表性的几个方面把它画了出来。希望能让孩子们看后继续大胆的想象，让家长们看后去积极的倾听和认可孩子们的观察方式。

　　本书以问话的形式进行展开，问答展开的整体故事线从自然——事物——人——孩子自己的创作——情感，逐步进行升华递增，含概的方面包含日常生活、饮食、玩具、大自然、艺术、人和情感。

　　当孩子们问，"妈妈，你看这个像什么？"，家长们的反应会是"这个是煎蛋啊"，但在这句话以后请再尝试问一句"你看像什么？"，给孩子们一个发现问题后，去和家长一起沟通和分享的时机。孩子们接下去会做出回答，说"它像白云一样"。从简单的一问一答对话当中，让孩子知道父母对他们的爱，使孩子更自信的勇于表达自己的想法。

　　这本书的文案部分是大旷哥哥平时和我的对话，我把它认真记录下来，觉得这是最珍贵的部分，以此来保证小朋友在阅读时候觉得没有年龄和角色的障碍。除此之外，我把他画的画贴在了墙上，用心观察他每次的绘画语言、描绘方式和色彩搭配。书籍的封面的呈现方式与风格，还有内页当中他画的《圣诞树、苹果与西瓜》，都是我按照他的画来进行绘制的。用孩子的眼去观察而得来，用孩子的耳去倾听而得来，用孩子的手去绘画方式而得来，以孩子为出发点来表述。本书从儿童的视角来进行编排与绘制，以孩子们的视角，做一本真正为小孩子们阅读的书，文字的字体选择为手写体，表达温度、自由与亲切感。形式多变化，每一页不同绘画设计形式，诉说着一个新的场景，感受着不同风格和想象，就像小孩子们天马行空一样。颜色的多彩性，色彩所搭配选择孩子们喜爱的丰富颜色。采用一问一答的形式，左右两边对页，左边是现实大人的世界，右边是孩子们的世界。所有的文案部分采取相同的句子结构，适合孩子们较为简单直接的逻辑思维。

　　我想用孩子们的视觉语言来传递爱，做一本真正是孩子们爱看并产生共鸣的故事书。

　　让这些充满趣味的文字和图画，伴随他们长大，成为永远的爱。

李荟萃

于南京

2023年10月26日

准备好了吗？

小朋友们，

序幕就要拉开了。

在一个充满阳光的午后，太阳快要下山了，
大旷这位小朋友指着夕阳问："妈妈，你看这个像什么？"
妈妈说："这是夕阳啊，你看像什么？"
大旷说："它像哈密瓜一样。"
"哈哈哈哈哈哈哈哈哈……"

故事就从这里开始了，
一个喜欢问"妈妈，你看这个像什么？"的小朋友，
他跑来了……

"妈妈，你看这个像什么？"

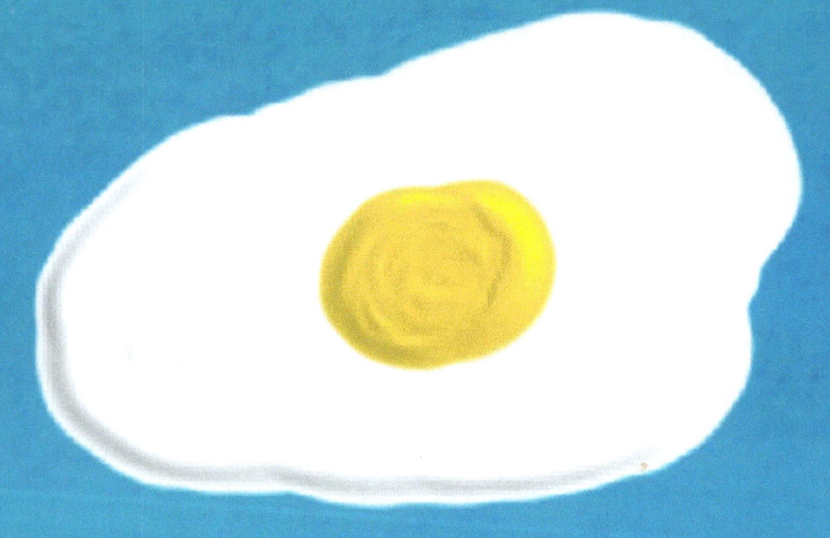

"这是煎蛋啊，
你看像什么？"

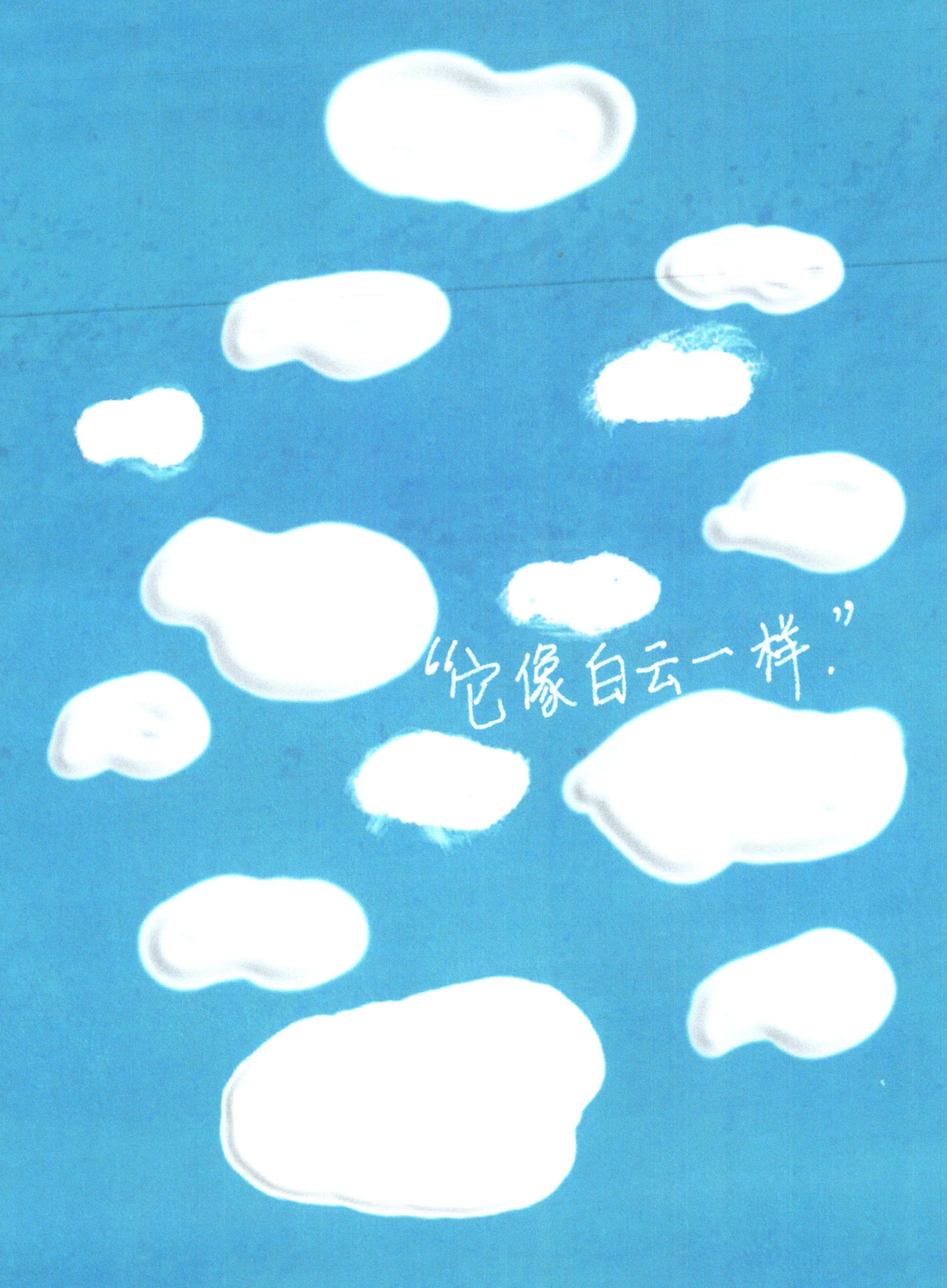
"它像白云一样."

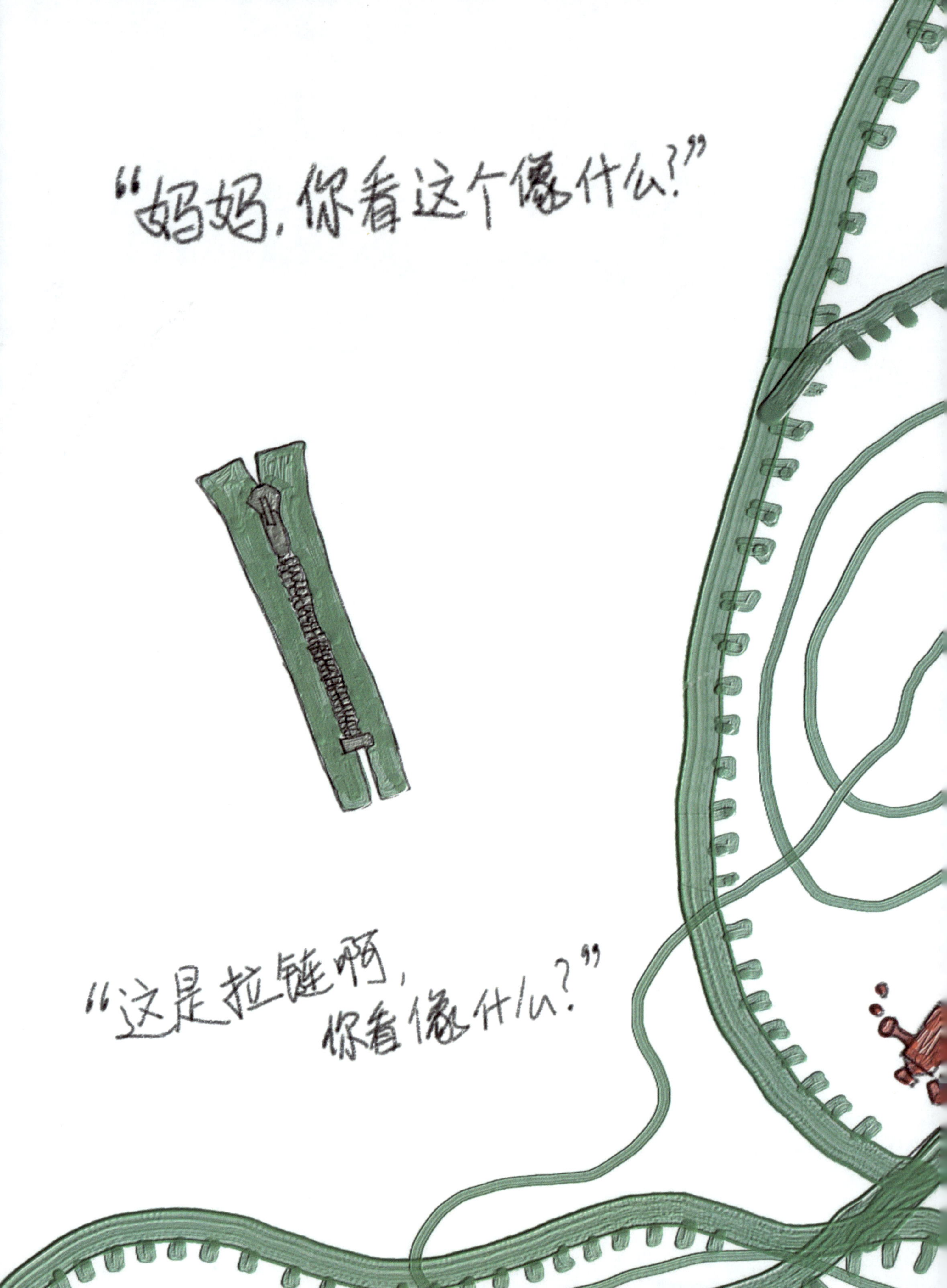

"妈妈，你看这个像什么？"
"这是拉链啊，你看像什么？"

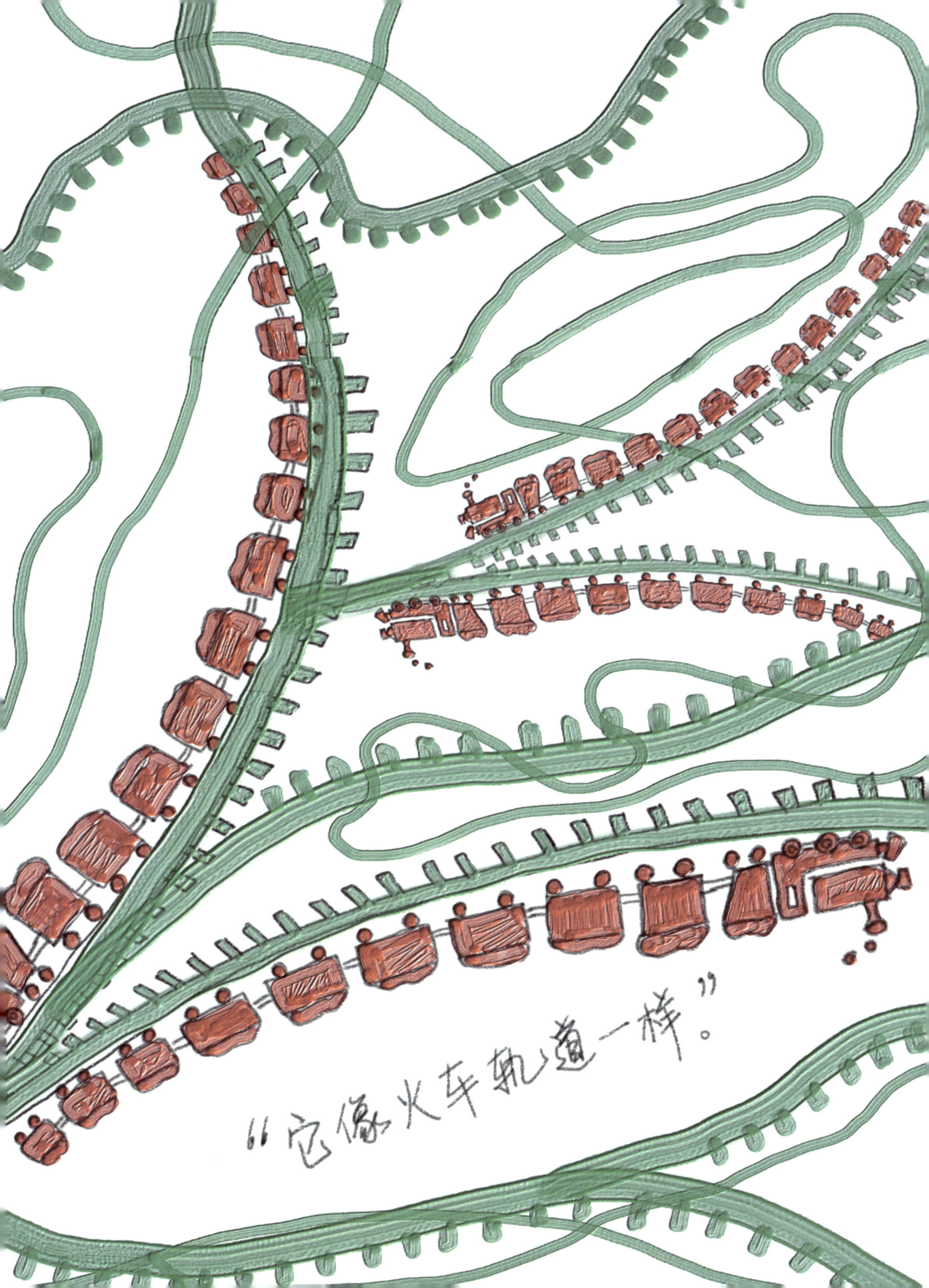
"它像火车轨道一样。"

"妈妈，你看这个像什么？"
"这个是桥洞呀，你看像什么？"

"它像彩虹一样。"

"妈妈，
你看这个像什么？"

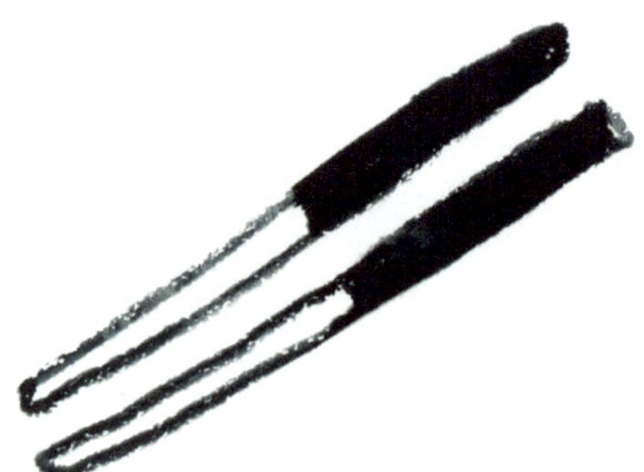

"这是筷子呀，
你看像什么？"

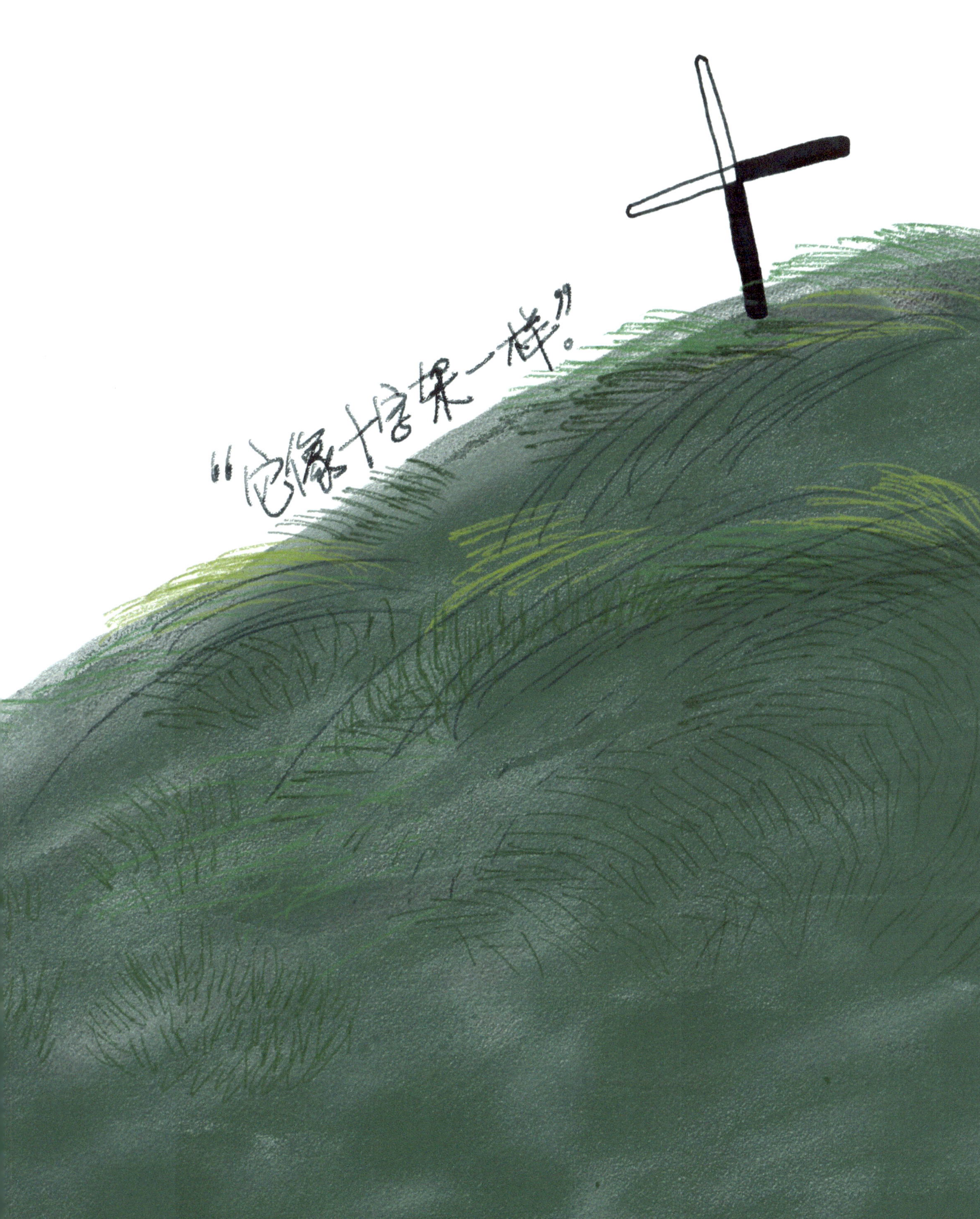

“飓风十字架一样”。

"妈妈，你看这个像什么？"

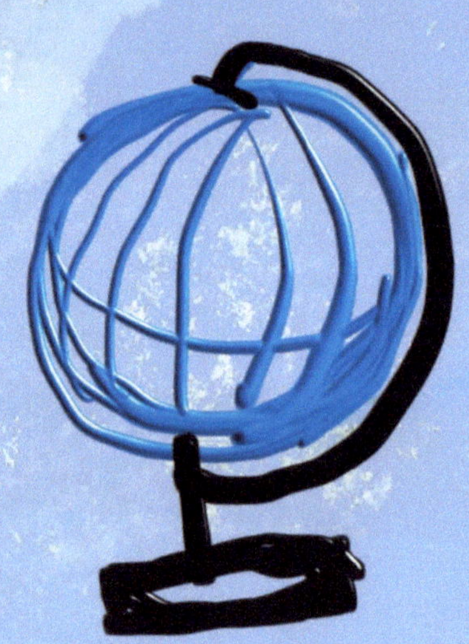

"这是地球仪啊，你看像什么？"

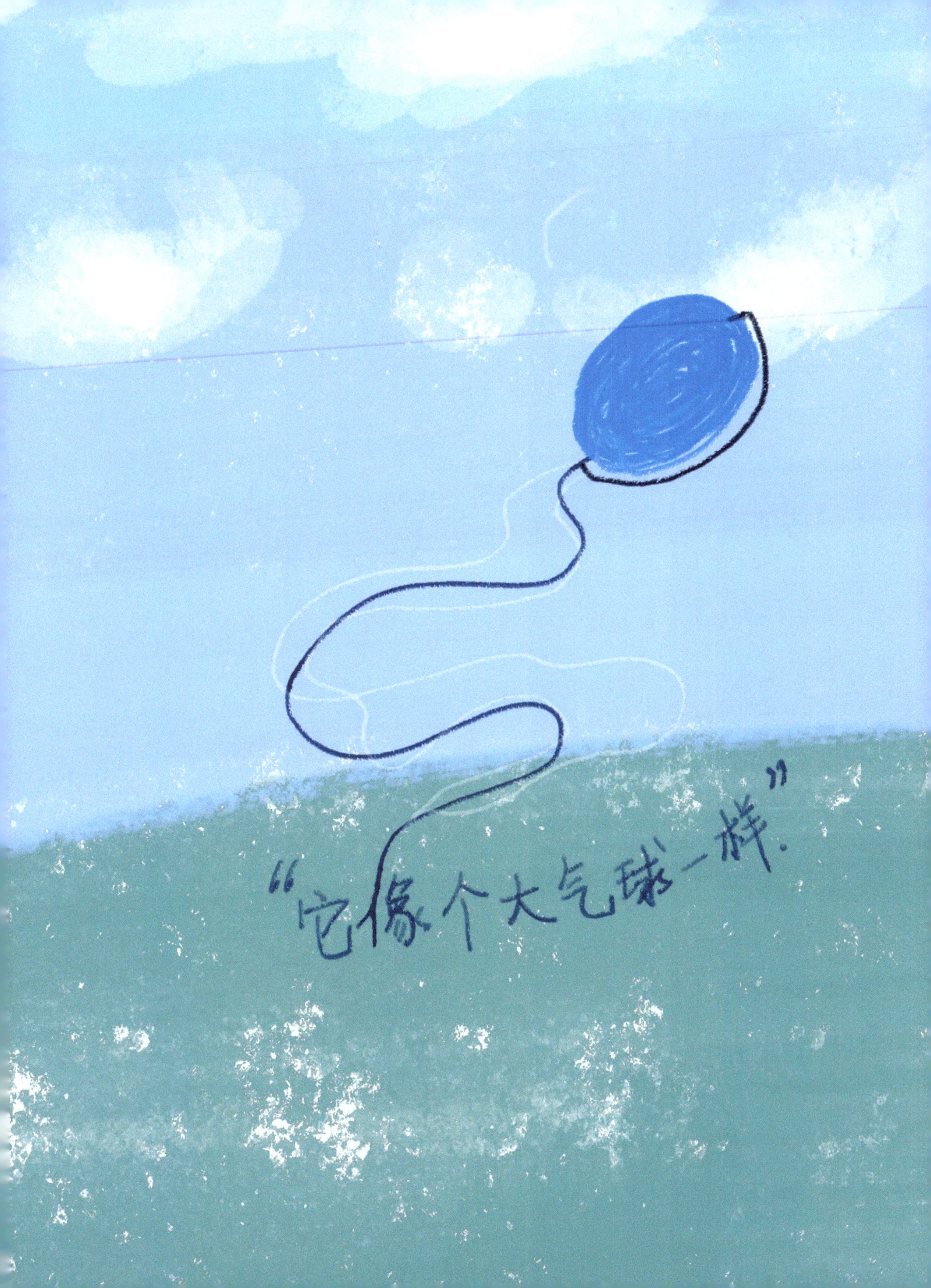
"它像个大气球一样."

"妈妈，你看这个像什么？"
"这是雨伞啊，
你看像什么？"

"它像蘑菇一样。"

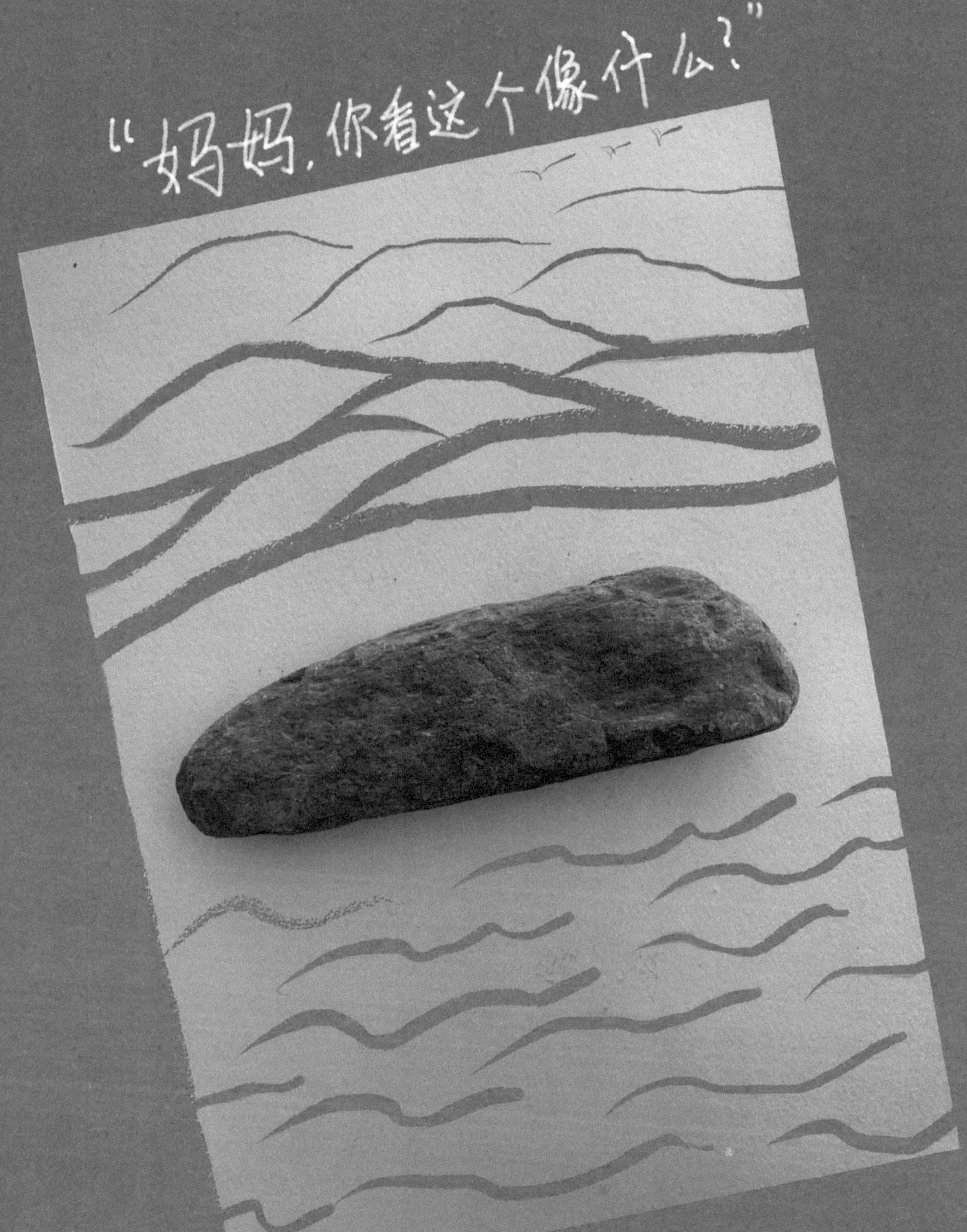
"妈妈，你看这个像什么？"
"这是一块石头啊，
你看像什么？"

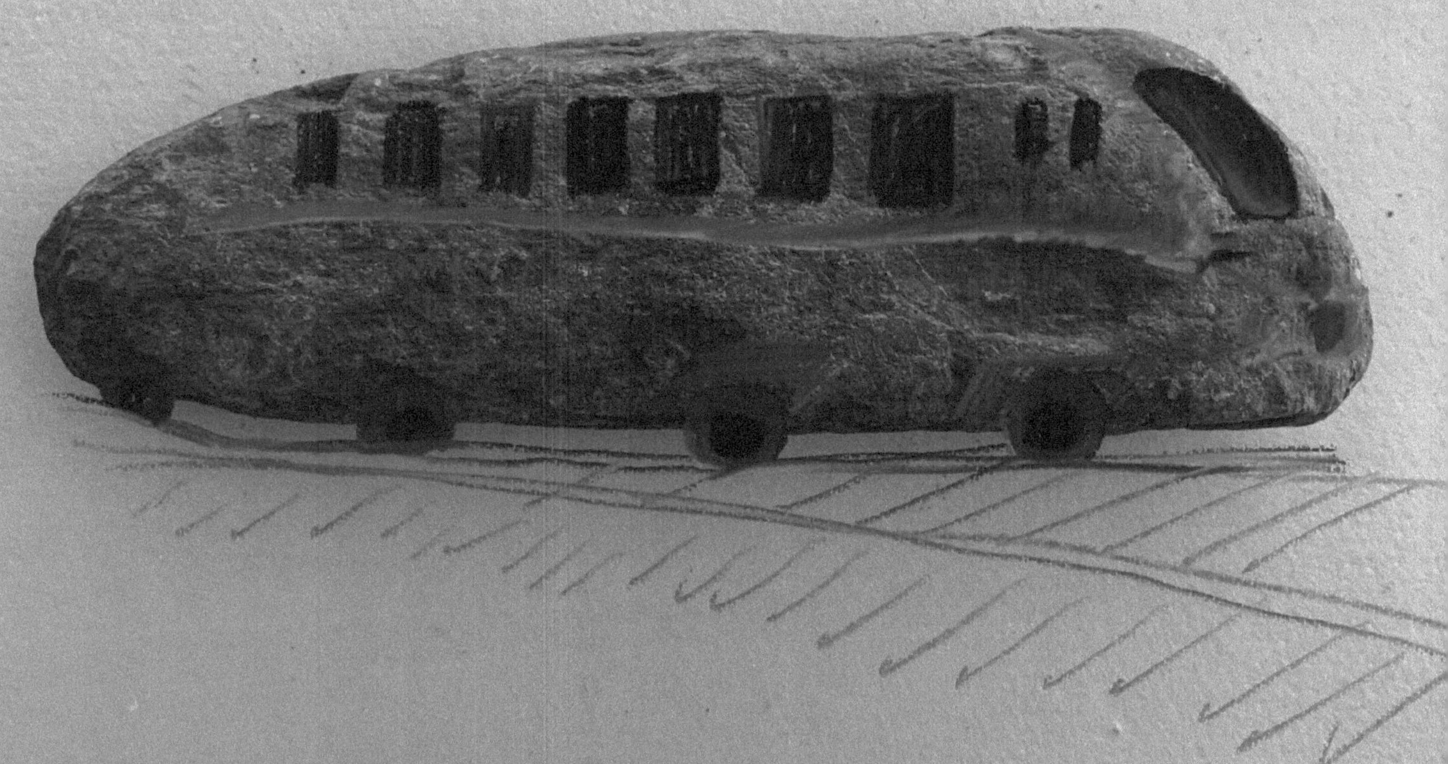

“它像高铁一样。”

"妈妈，你看这个像什么？"

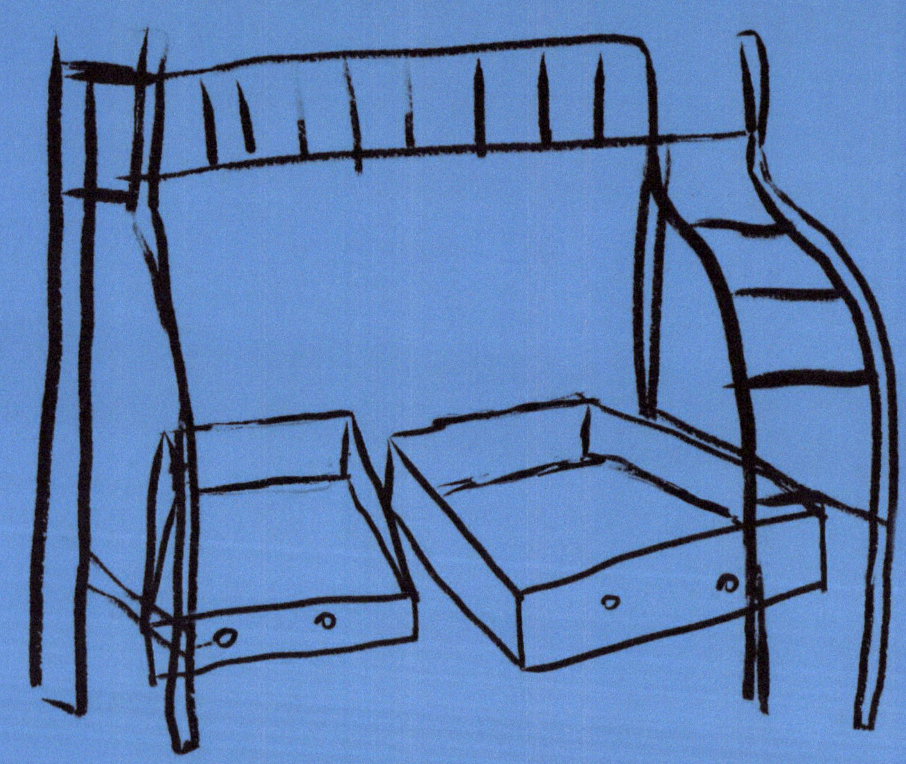

"这是你们俩兄弟的上下铺啊！
你看像什么？"

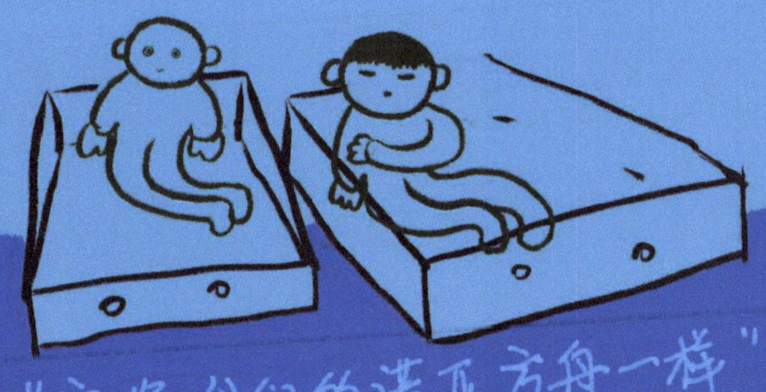

"它像我们的诺亚方舟一样"

"妈妈，你看这个像什么？"

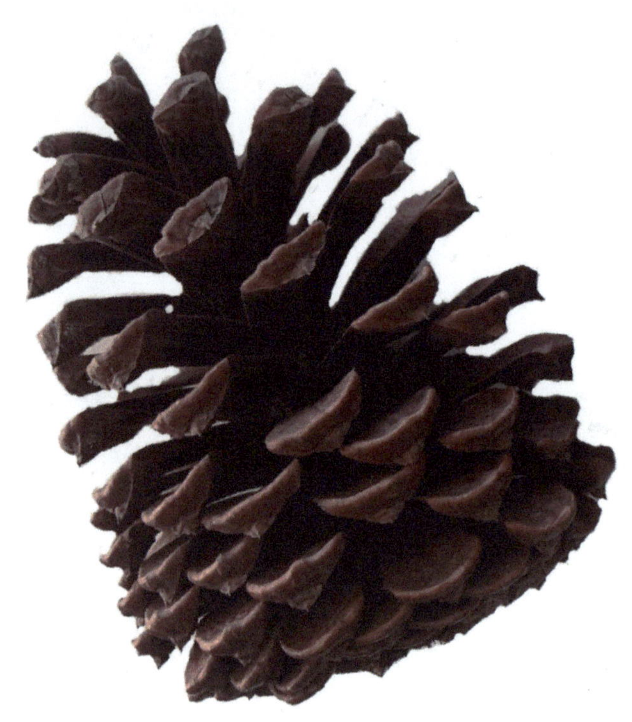

"这是松塔啊，
你看像什么？"

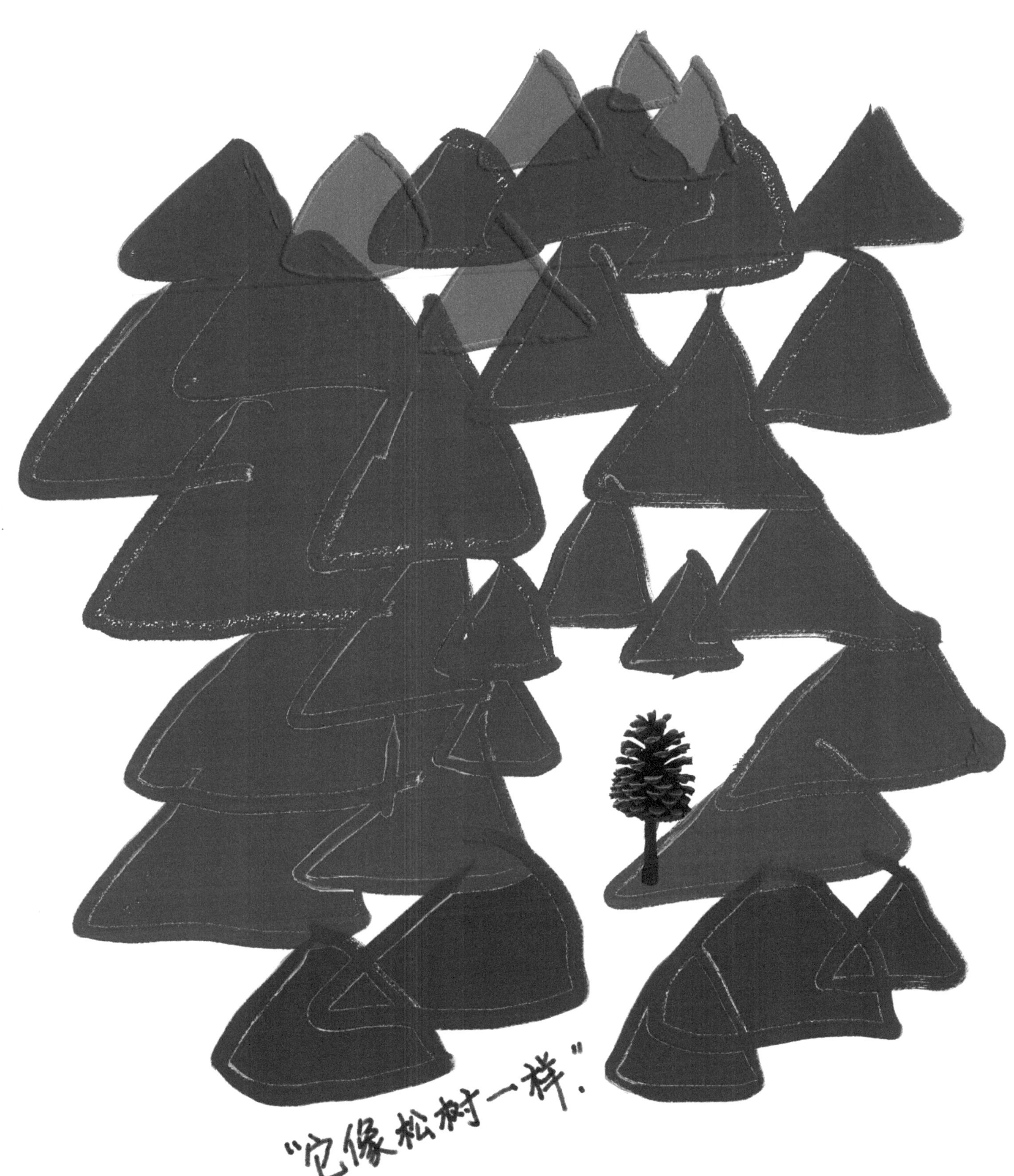

"它像松树一样."

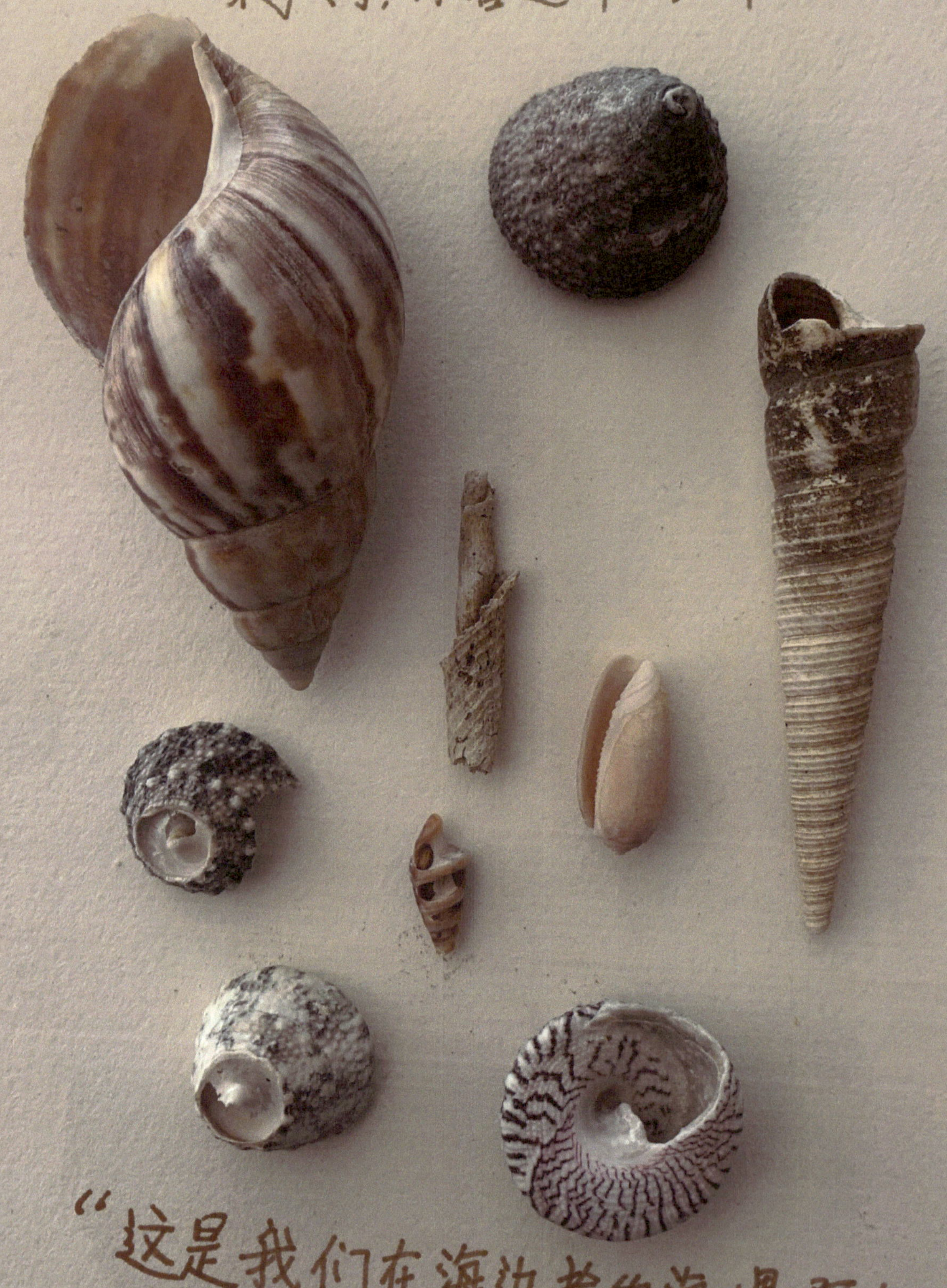
"妈妈，你看这个像什么？"
"这是我们在海边捡的海螺啊！
你看像什么？"

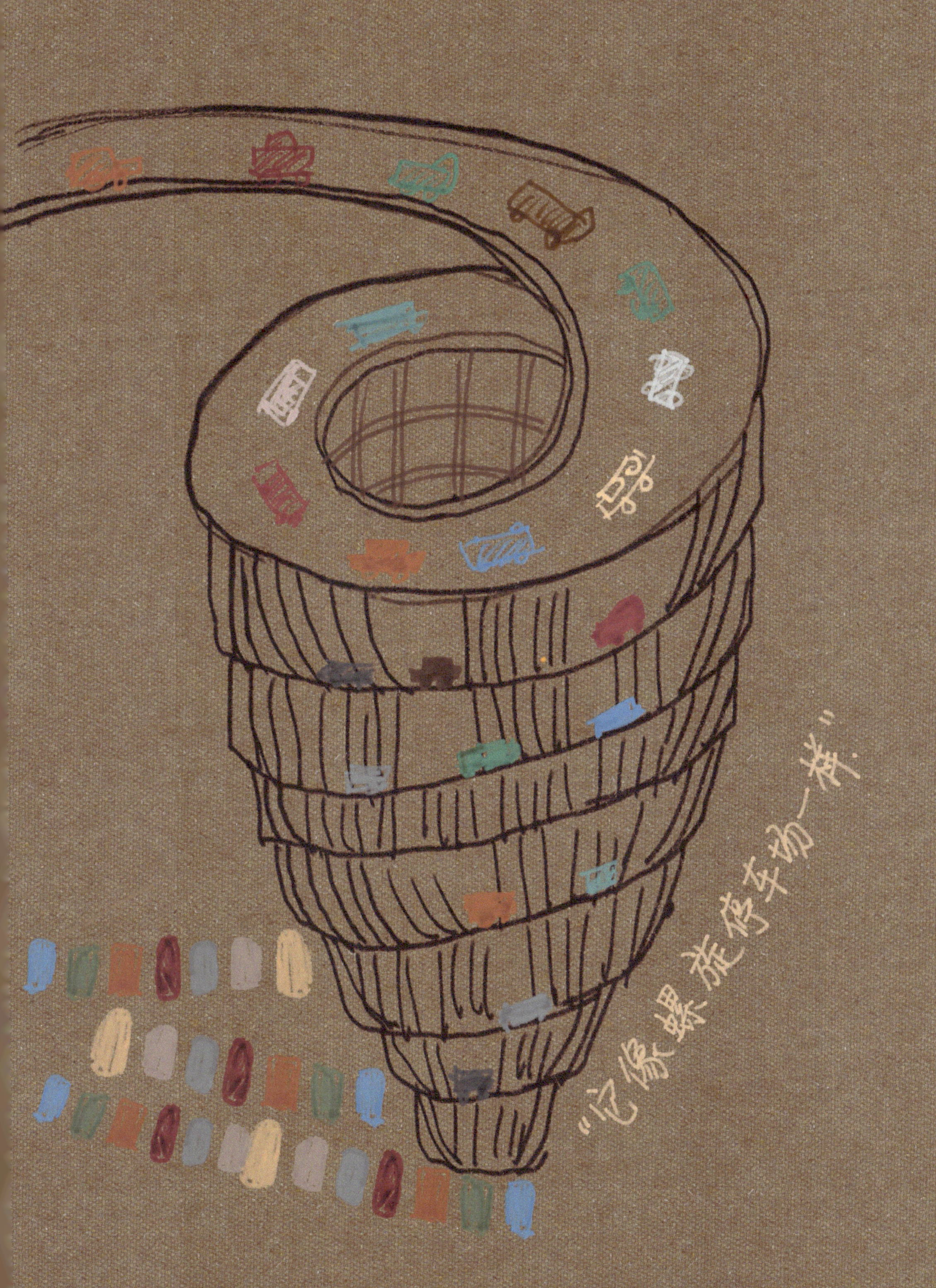

"它像螺旋停车场一样"

"妈妈，你看这个像什么？"
"这是'泡'泡棒啊，你看像什么？"

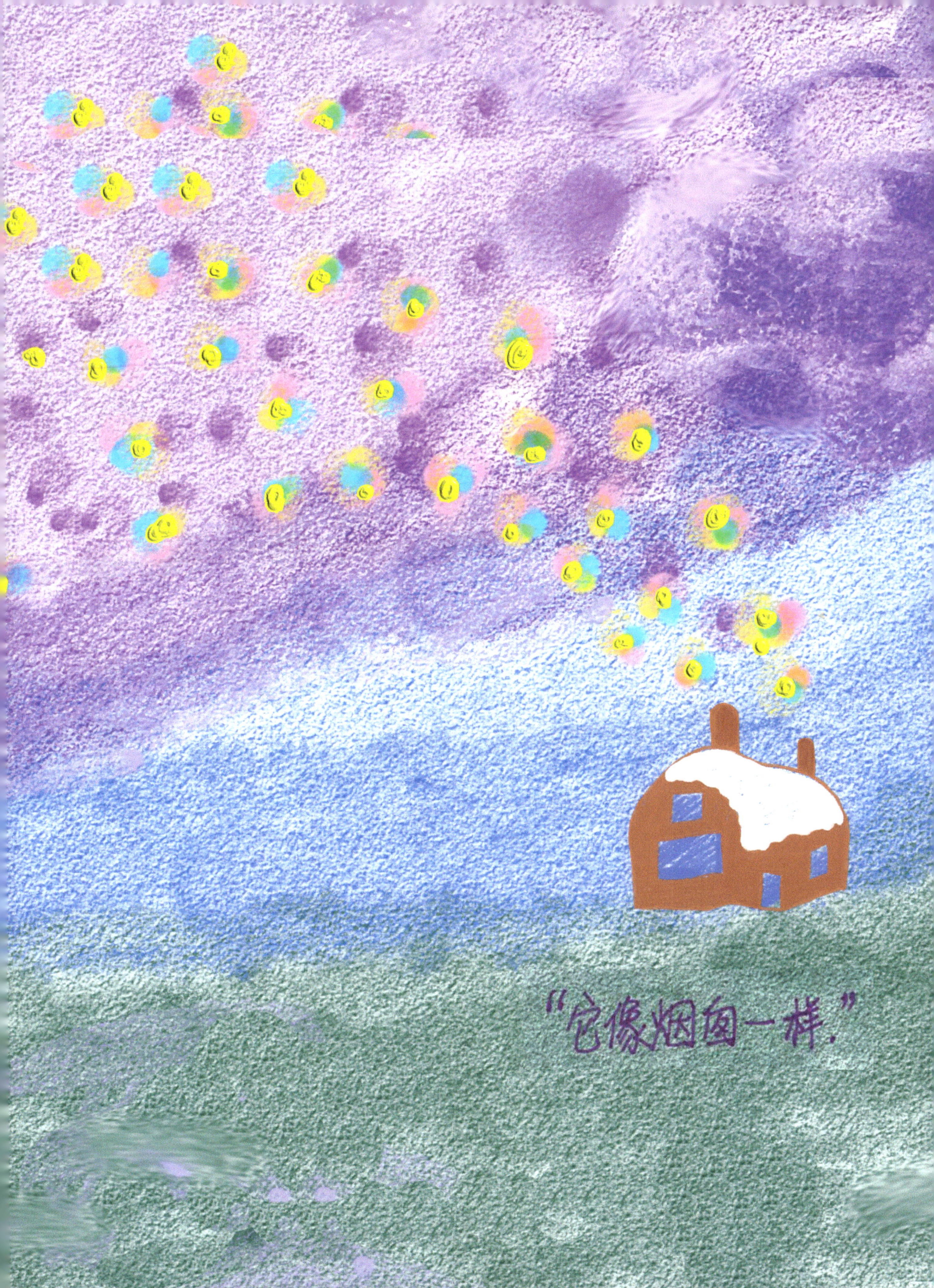

"它像烟囱一样。"

"妈妈，你看这个像什么？"
"这是月亮和星星啊，
你看像什么？"

"它像逗号和句号一样。"

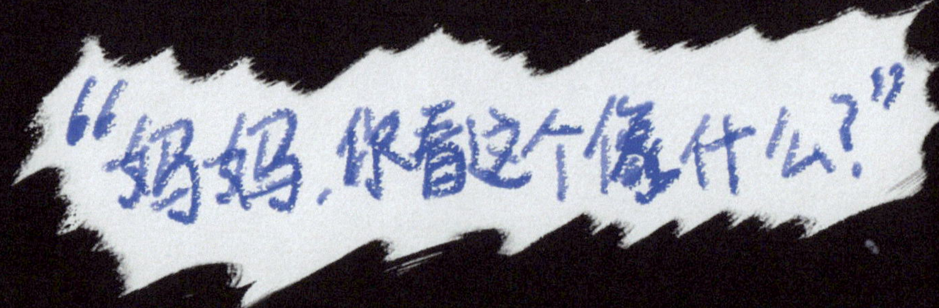

"妈妈，你看这个像什么？"

"这是黑色啊，
你看像什么？"

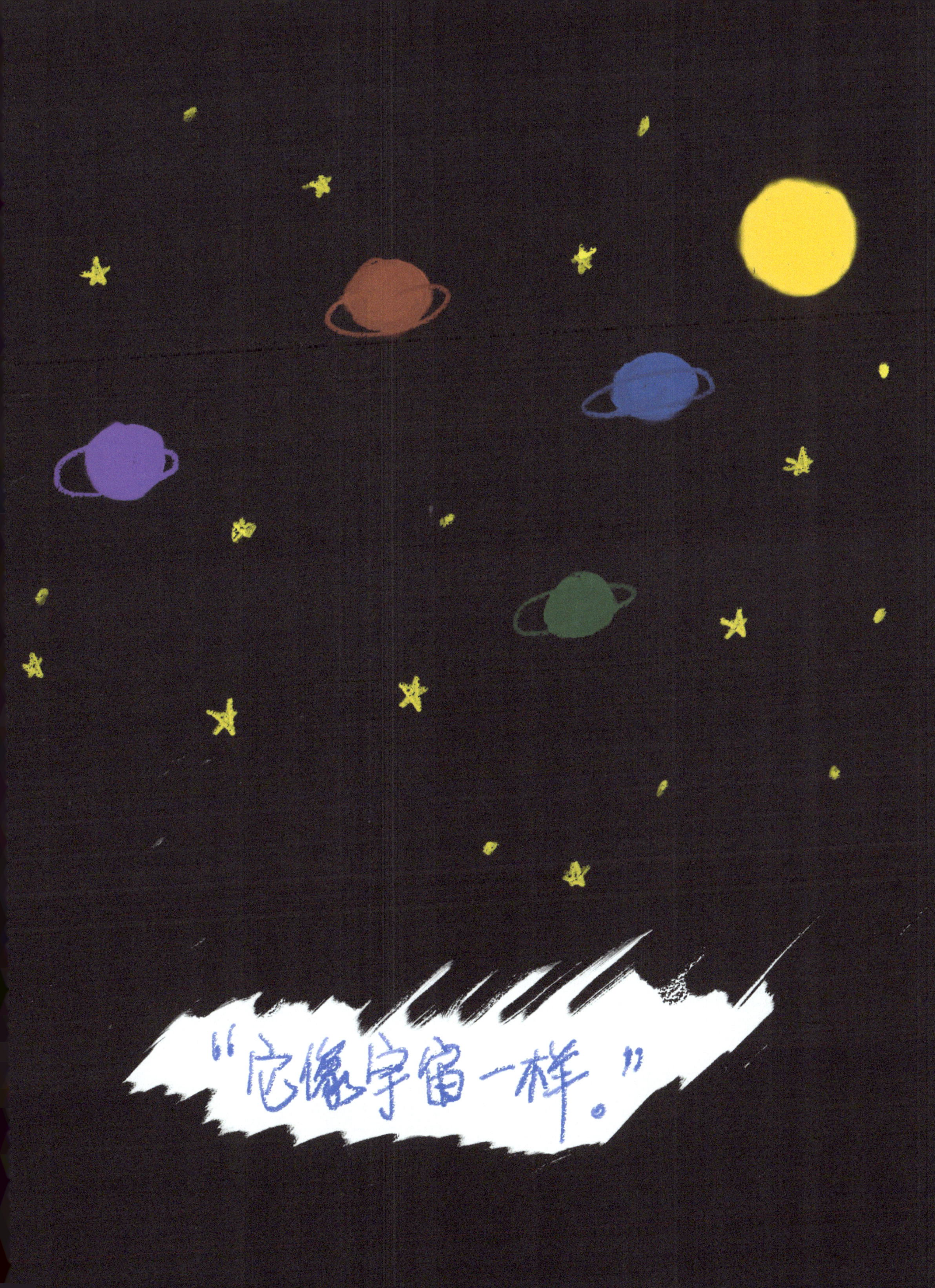
"应该像宇宙一样。"

"妈妈，
你看这个像什么?"

"这是三角形啊，
你看像什么?"

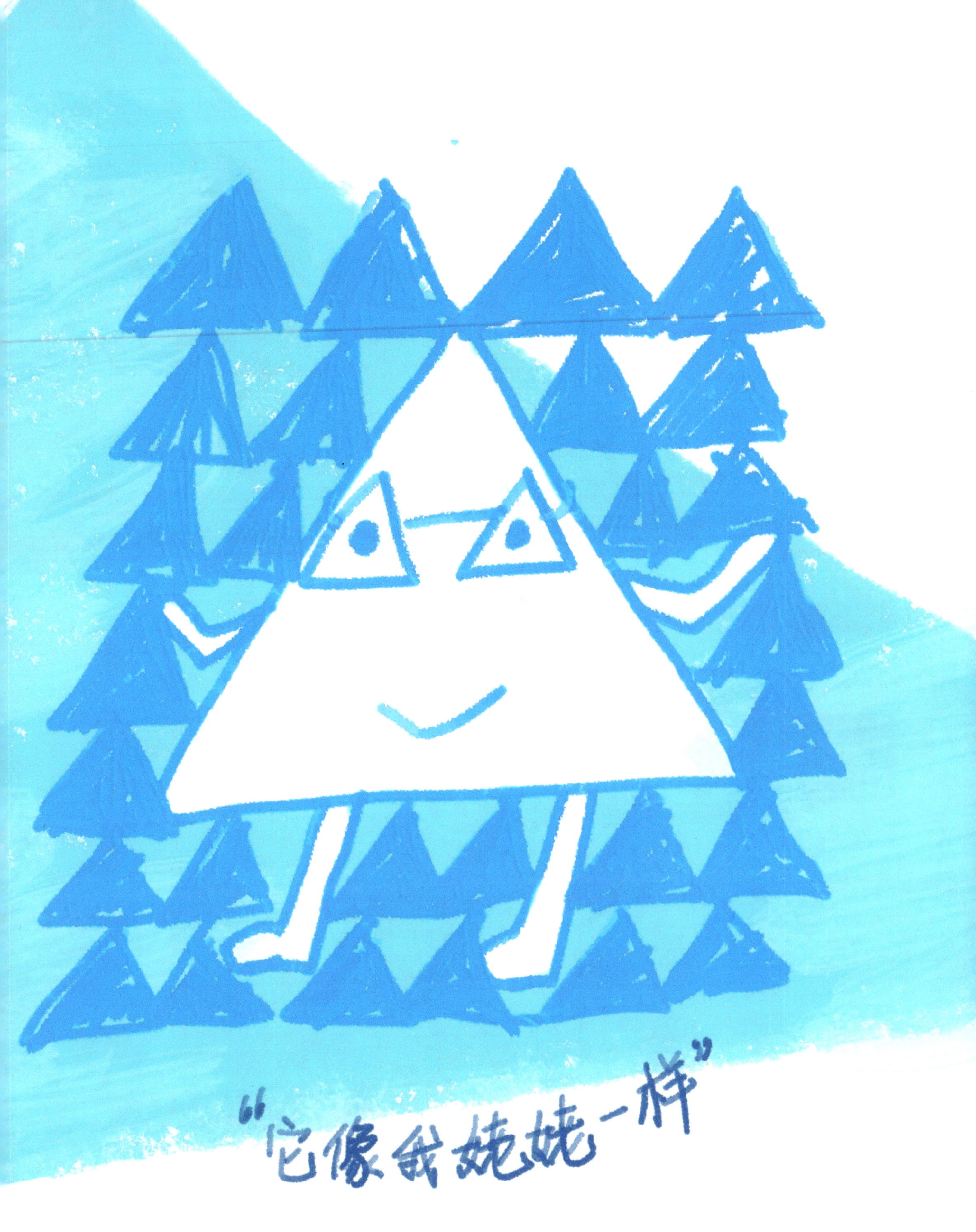"它像我姑姑一样"

"妈妈，你看这个像什么？"
酒
"这是酒瓶啊，你看像什么？"

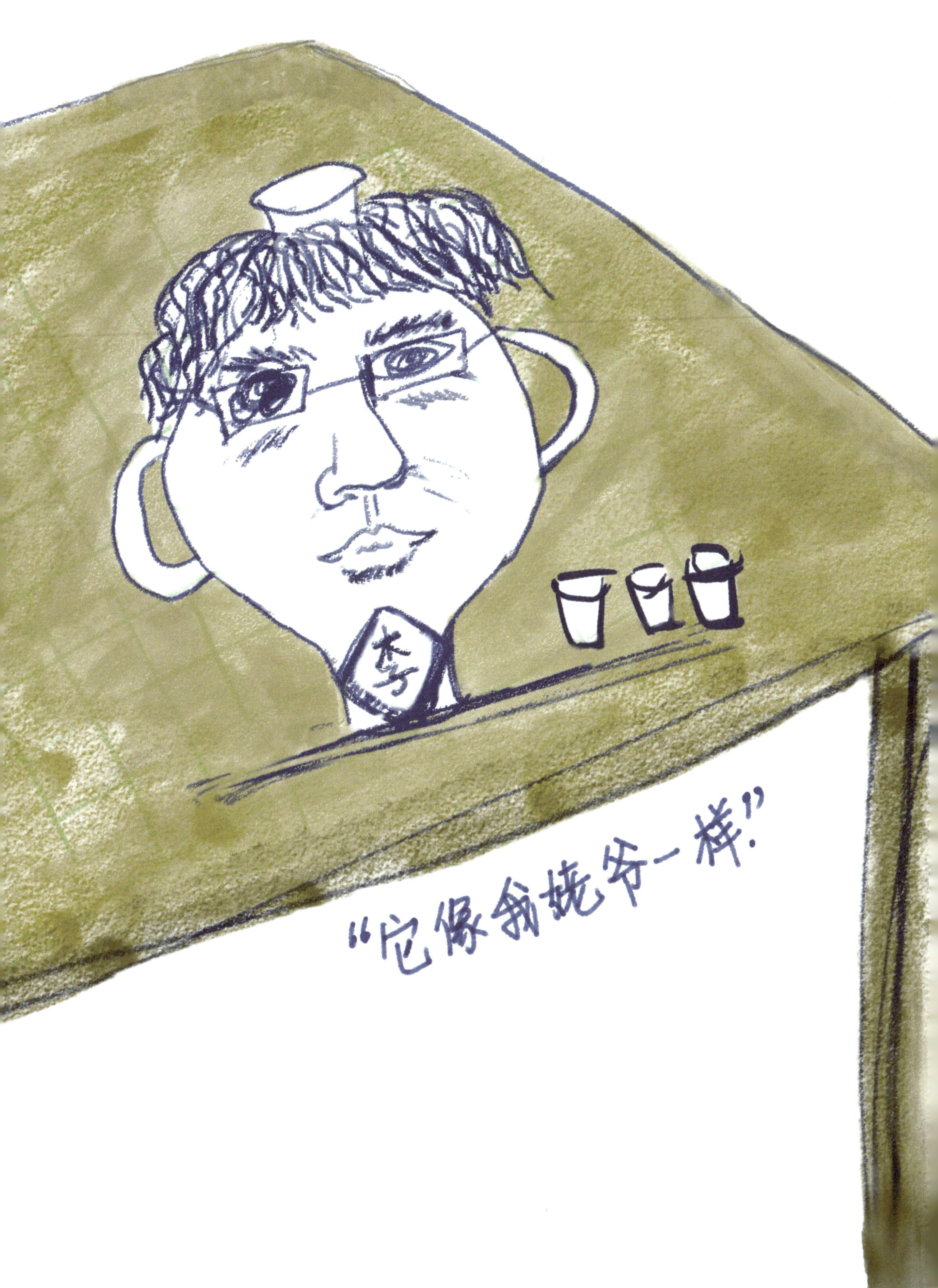
木匠
"它像爷娭爷一样"

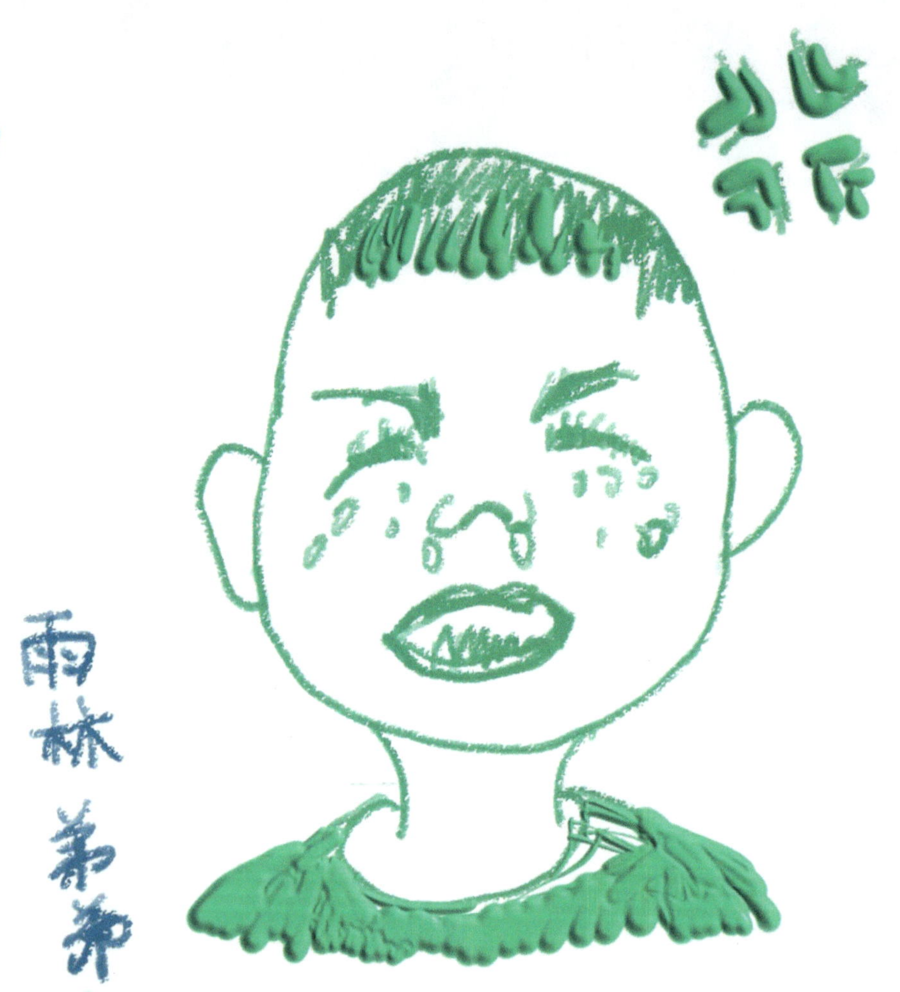

"妈妈，你看他像什么？"
雨林 弟弟
"这是你弟弟啊，你看像什么？"

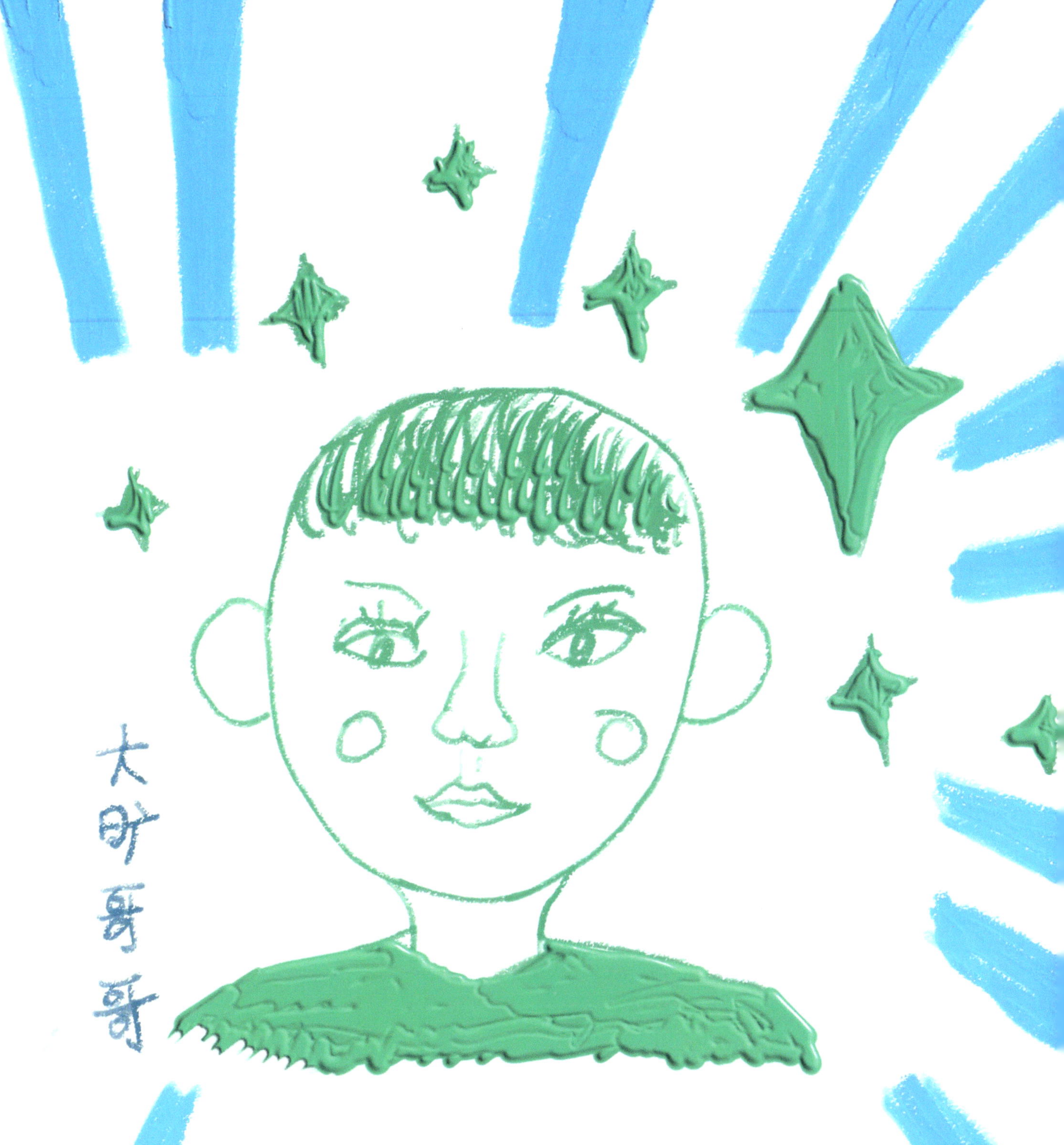

大叶哥哥
"他像我一样"

"妈妈，你看这个像什么？"

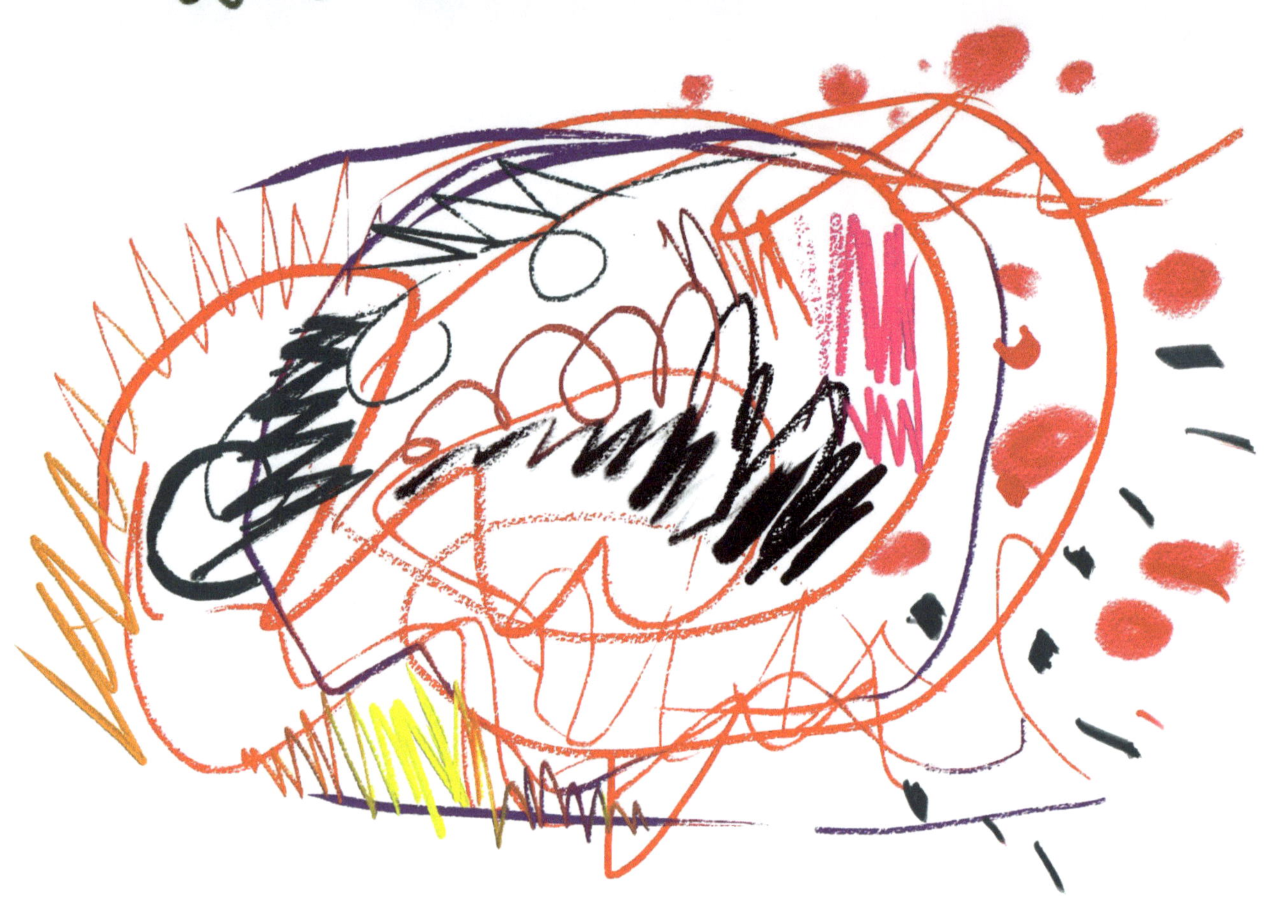

"这是你今天画的作品啊，
你看像什么？"

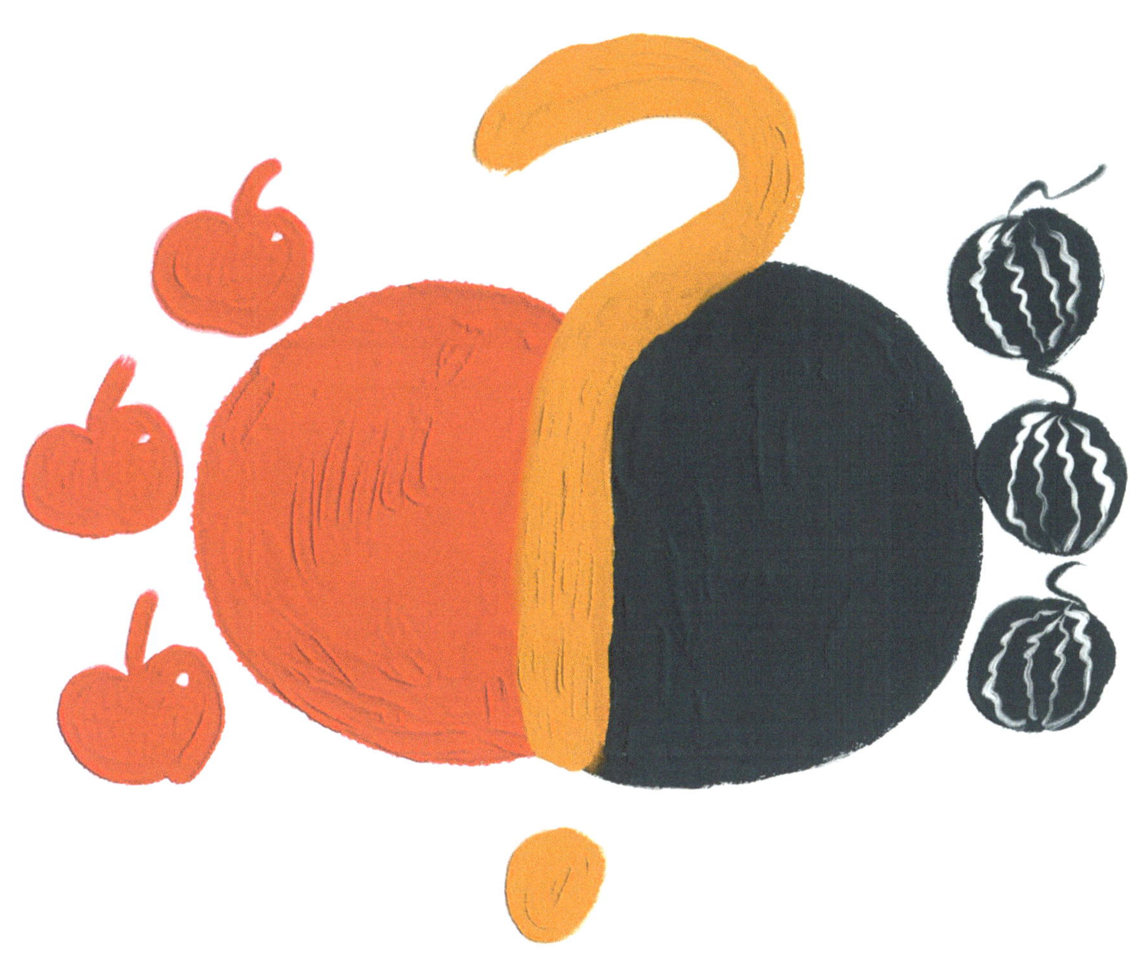

"它像圣诞节、苹果、西瓜汁一样。"

"妈妈，你看这个像什么？"

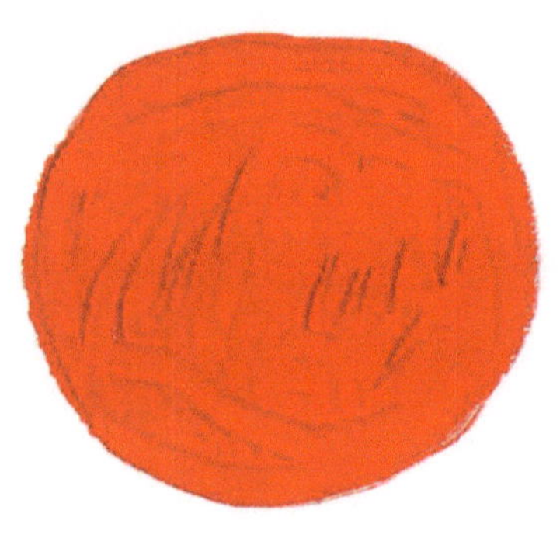

"这是你画的圆圈呀，
你看像什么？"

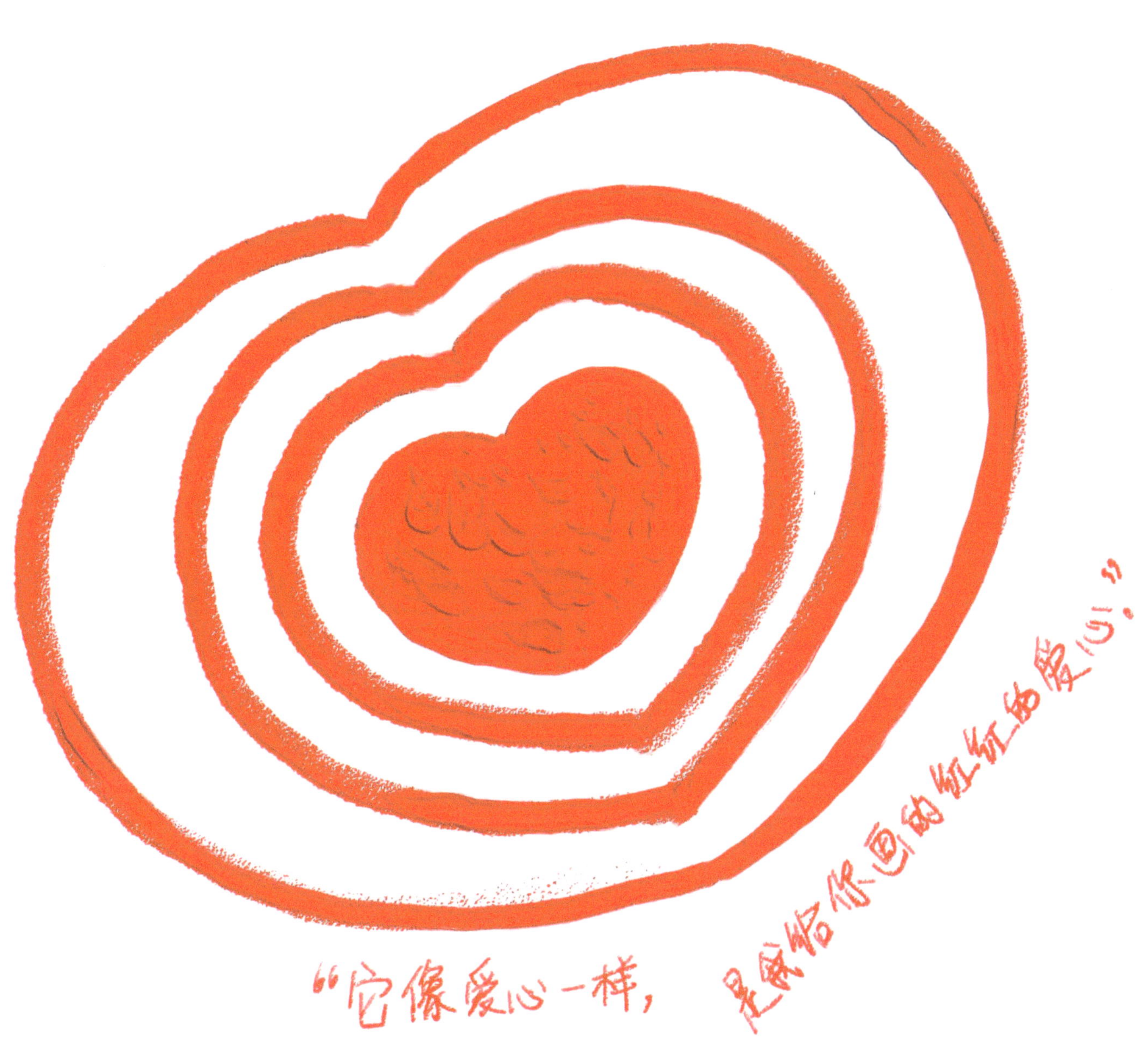
"它像爱心一样，是我陪你画的红红的爱心。"

"这些都是我给妈妈
画的红红的爱心，
因为，我爱你！"

"谢谢你给妈妈画了这么多的爱心，
妈妈也爱你！"

"那下一页由你来画吧！"

"妈妈，你看这个像什么？"

"这是 ——，
你看像什么？"

"它像＿＿＿＿＿＿＿＿"。

（这页由看绘本的你，来画吧。）

没掰开的油条像望远镜一样

扑克牌像银行卡一样.

老虎像大猫一样.

按摩器像梳子一样.

蜈蚣像恐龙一样.

水车像摩天轮一样.

老式电话机像老爷车一样.

救生圈像轮胎一样.

牛排像梧桐树叶一样.

花卷像蜗牛一样.

爸爸长得像托马斯一样.

妈妈像姐姐一样.

自动洗车器像打蛋器一样.

路灯跟眼睛一样.

晾干的被子像山脉一样.

尿尿跟喷泉一样.

傍晚天上云朵像哈密瓜一样

孩子，没有标准答案。
你就是你，
你是上帝的创造，
独一无二的创造，
而我，
会一直一直爱你。

妈妈在不断地更新画着大旷提的这些问题，
大旷看到了妈妈前面画的这些图画，
他又问妈妈："妈妈，你为什么模仿我画画啊？"
……

故事并没有结束，
现在大旷又有了新问题。

"妈妈，面包车里有面包吗？"

"妈妈，为什么红绿灯叫红绿灯啊，可以改成叫彩虹灯吗？"

"妈妈，水果是长在水里面吗？"

"妈妈，我可以安装一个从家到学校的轨道滑梯吗？"

"妈妈，昨天敲我们窗户的雨，它今天去哪儿了？"

"妈妈，我可以送给你一把螺丝刀吗？如果你住院了，
　　　就可以用它，哪里坏了就修哪里。"

……

或许还有更多问题需要妈妈去解答，
妈妈真的很喜欢大旷的这些问题。

一起去学习、去探索、去成长吧。

还有……妈妈还想再说一次，
"妈妈也爱你，很爱很爱。"

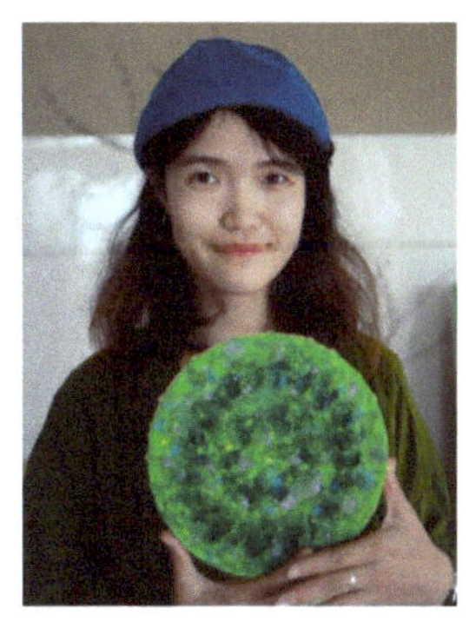

作者/绘者简介
李荟萃 (Huicui Li)

江南大学设计艺术硕士毕业，
现就职于南京理工大学设传学院。
作为平面设计师，
为多个品牌策划设计了视觉形象。
作为大学教师，
承担着视觉传达设计的课程与教学科研等工作。
作为家庭中的妈妈角色，
在生活中感受到了孩子的丰富想象力与创造力。
绘本创作灵感也来自于日常的生活与工作，
从设计的角度来解读孩子的视觉语言。
当别人问，"你最喜欢哪个角色时?"
她总是回答："我喜欢每一个角色，这些角色合在一起
成为了我。这才会有我设计出来的作品。"

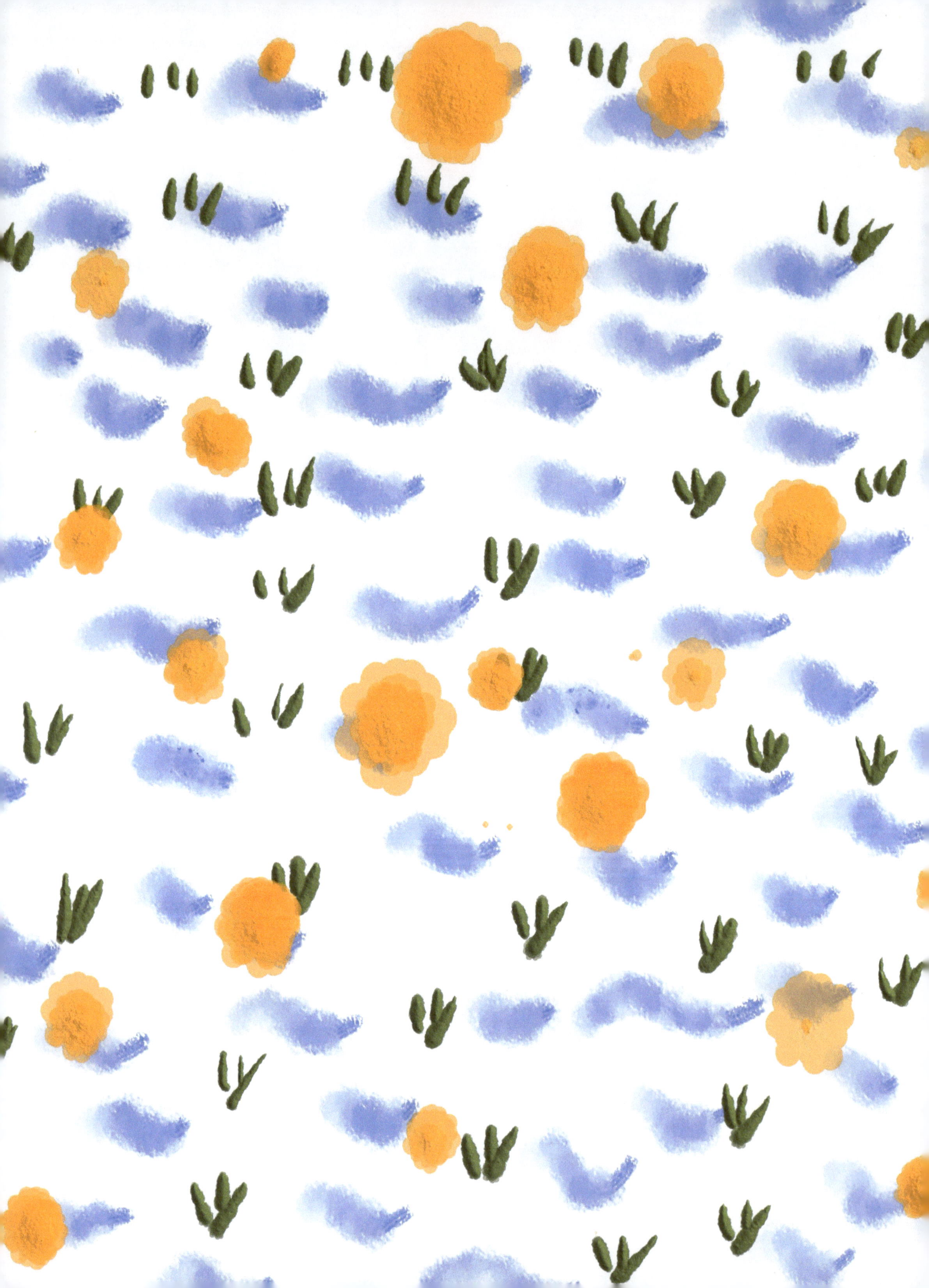

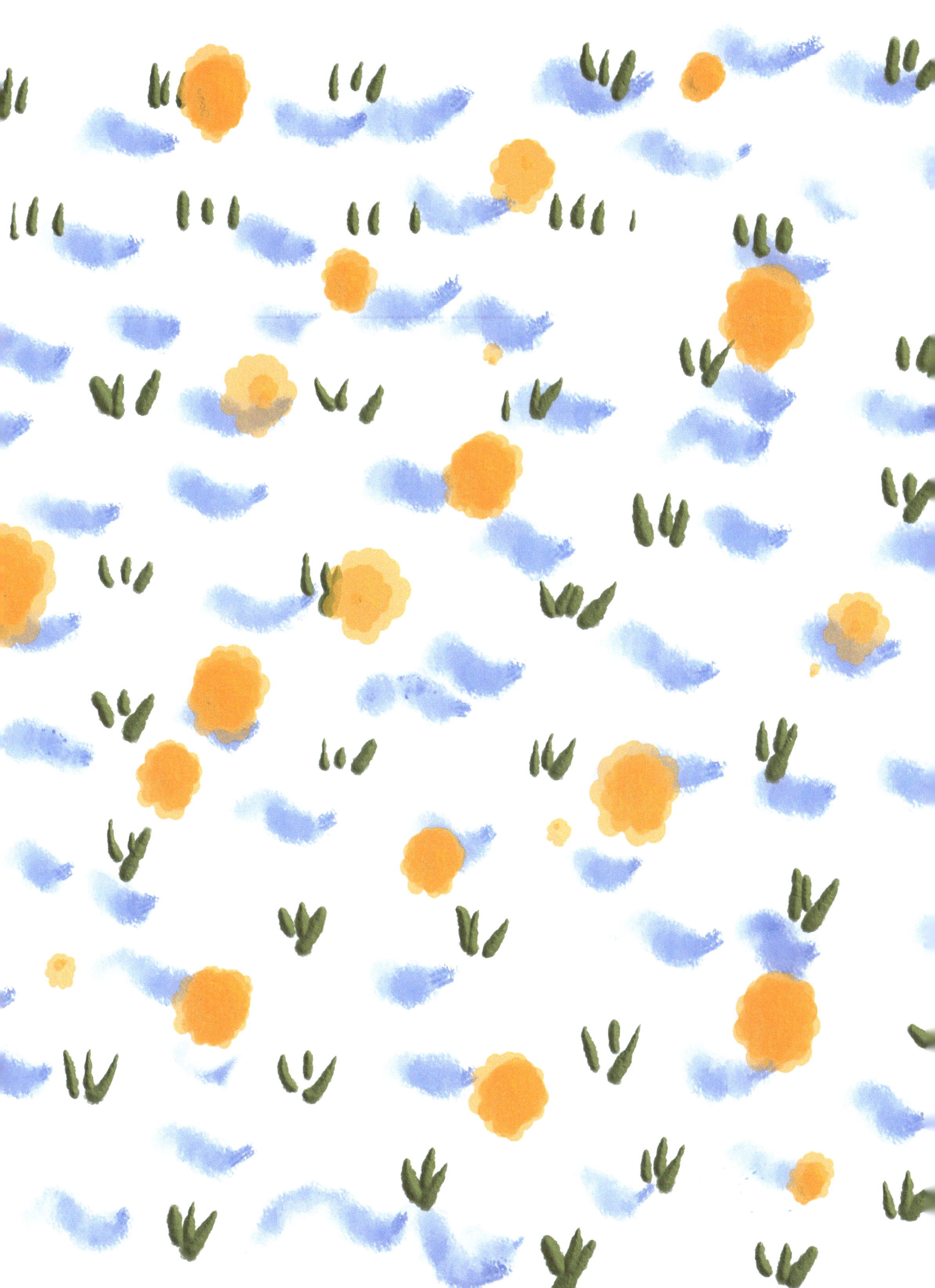

www.ingramcontent.com/pod-product-compliance
Lightning Source LLC
Chambersburg PA
CBHW042114030726
47599CB00002B/216